ELR637-Bumba Books en espanol - Que vivan los ayudantes comunitarios! (Hooray for Community Helpers!) (eBoo

Lerner Publishing Group 6 Volumes Flipbook
Set Price: $231.90
Reading Level: Kindergarten
Interest Level: Primary
Accelerated Reader: No

What do you want to be when you grow up? Learn about the daily lives of veterinarians, nurses, librarians and more! Now in Spanish, the carefully leveled text and fresh, vibrant photos engage young readers in learning about the people who make a difference in their community. Age-appropriate critical thinking questions and a photo glossary help build nonfiction learning skills.

Title	Code	List Price	Our Price	Copyright	Prg
Que vivan los bibliotecarios! (Hooray for Librarians!)	ELR497571	$51.53	$38.65	2018	
Que vivan los bomberos! (Hooray for Firefighters!)	ELR497632	$51.53	$38.65	2018	
Que vivan los carteros! (Hooray for Mail Carriers!)	ELR497557	$51.53	$38.65	2018	
Que vivan los dentistas! (Hooray for Dentists!)	ELR497618	$51.53	$38.65	2018	
Que vivan los doctores! (Hooray for Doctors!)	ELR497595	$51.53	$38.65	2018	
Que vivan los recolectores de basura! (Hooray for Garbage Collectors!)	ELR497533	$51.53	$38.65	2018	

¡QUE VIVAN LOS DENTISTAS!

por Tessa Kenan

BUMBA BOOKS™ en español

EDICIONES LERNER ◆ MINNEAPOLIS

Nota para los educadores:

En todo este libro, usted encontrará preguntas de reflexión crítica. Estas pueden usarse para involucrar a los jóvenes lectores a pensar de forma crítica sobre un tema y a usar el texto y las fotos para ello.

ediciones Lerner
Una división de Lerner Publishing Group, Inc.
241 First Avenue North
Mineápolis, MN 55401, EE. UU.

Si desea averiguar acerca de niveles de lectura y para obtener más información, favor consultar este título en www.lernerbooks.com

Library of Congress Cataloging-in-Publication Data

Names: Kenan, Tessa.
Title: ¡Que vivan los dentistas! / por Tessa Kenan.
Other titles: Hooray for dentists! Spanish
Description: Minneapolis : Ediciones Lerner, [2018] | Series: Bumba books en español. ¡Que vivan los ayudantes comunitarios! | Audience: Age 4–7. | Audience: K to grade 3. | Includes bibliographical references and index. | Description based on print version record and CIP data provided by publisher; resource not viewed.
Identifiers: LCCN 2017017566 (print) | LCCN 2017018583 (ebook) | ISBN 9781512497618 (eb pdf) | ISBN 9781512497601 (lb : alk. paper) | ISBN 9781541510609 (pb : alk. paper)
Subjects: LCSH: Dentists—Juvenile literature. | Teeth—Care and hygiene—Juvenile literature. | Dentistry—Vocational guidance—Juvenile literature.
Classification: LCC RK63 (ebook) | LCC RK63 .K4718 2018 (print) | DDC 617.6/0232—dc23

LC record available at https://lccn.loc.gov/2017017566

Fabricado en los Estados Unidos de América
1 – CG – 12/31/17

LERNER
SOURCE

Expand learning beyond the printed book. Download free, complementary educational resources for this book from our website, www.lernerresource.com.

Tabla de contenido

Los dentistas mantienen sanos nuestros dientes

Los dentistas se ocupan de nuestros dientes.

Ayudan a mantener saludables nuestras bocas.

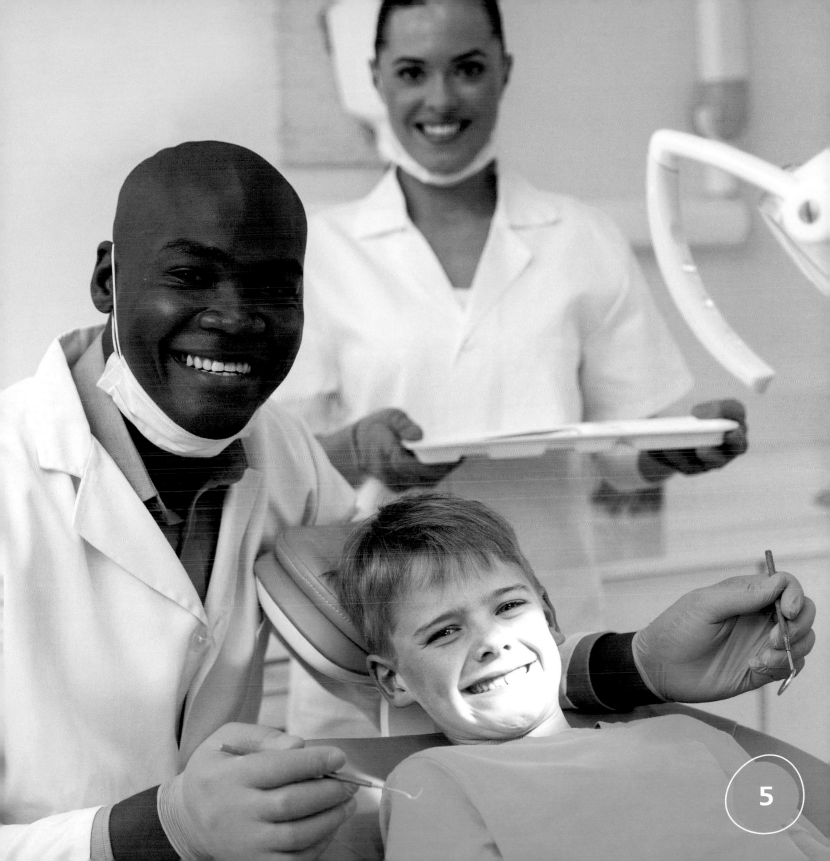

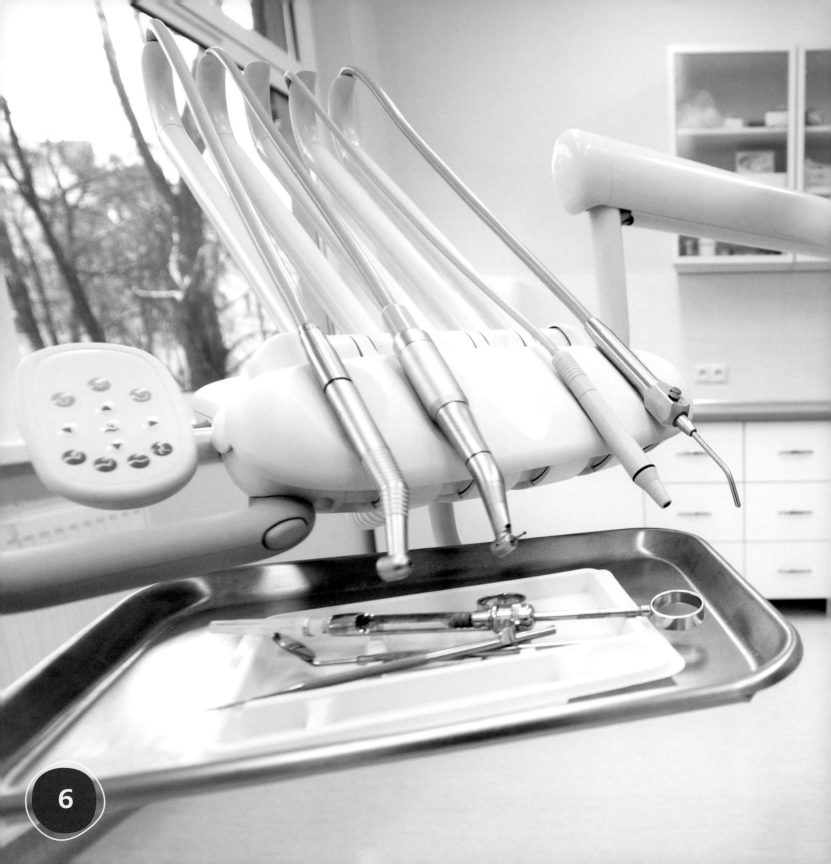

Los dentistas trabajan en

oficinas especiales.

Usan muchas herramientas

para revisar los dientes.

Los pacientes se sientan en una

silla grande.

Una lámpara ayuda a los dentistas

a ver los dientes.

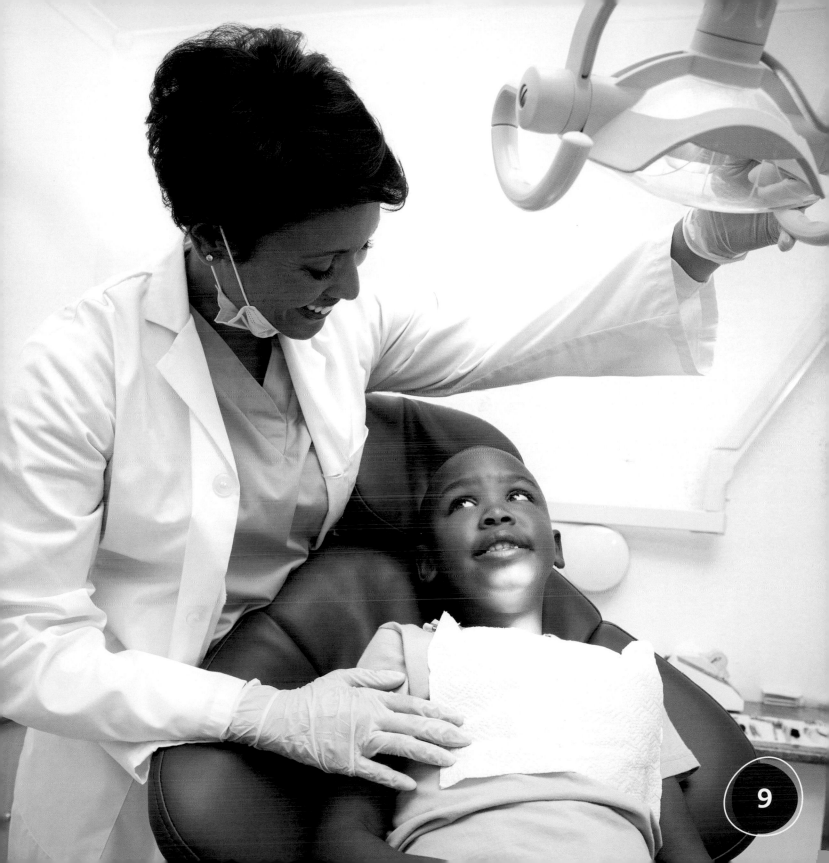

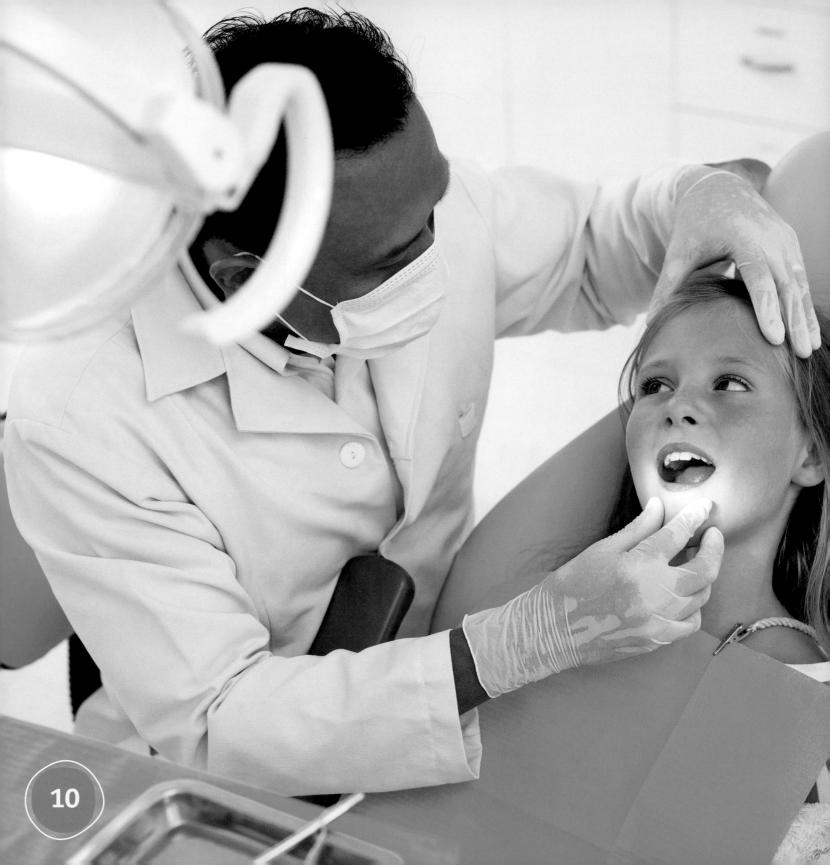

Un dentista revisa la boca

de una paciente.

Usa guantes.

Los guantes lo mantienen

a él y a su paciente limpios.

Los dentistas usan una mascarilla.

Algunos usan uniformes especiales.

¿Por qué usan mascarilla los dentistas?

Una dentista revisa los dientes

de una paciente.

Los limpia.

Un dentista toma una

radiografía de los dientes.

Busca huecos en

los dientes.

Los huecos

muestran caries.

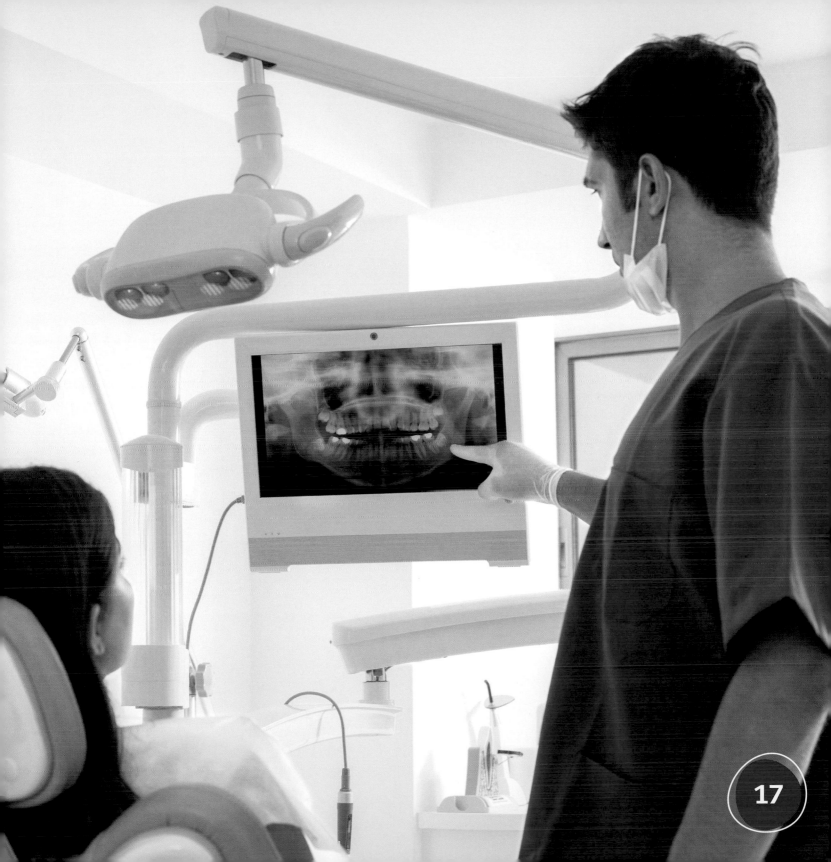

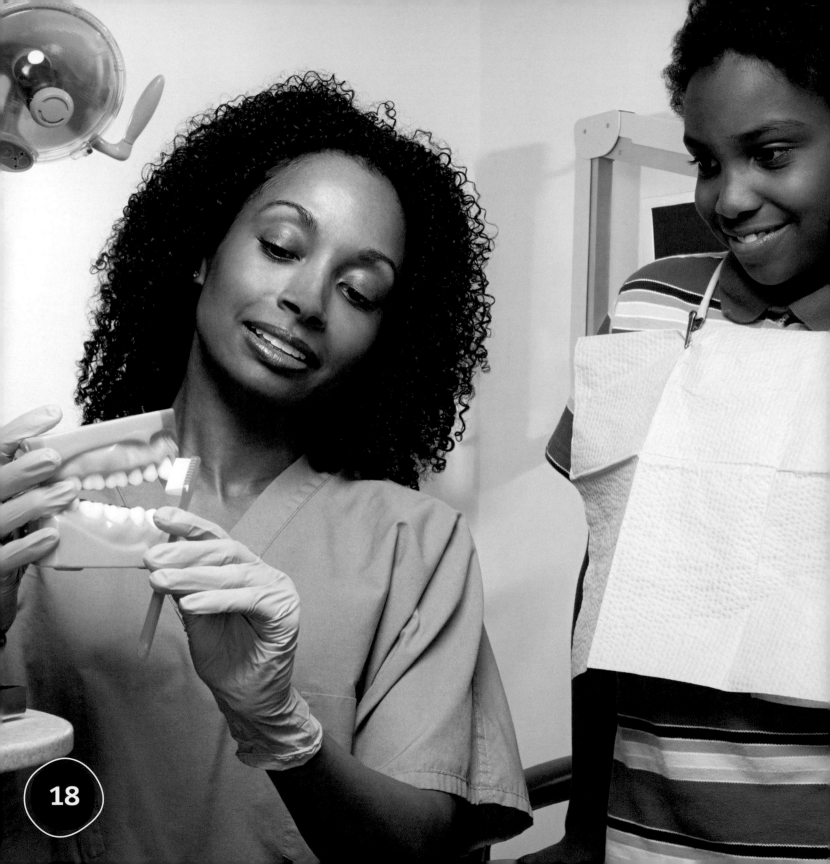

Los dentistas nos hablan sobre nuestros dientes.

Nos enseñan cómo mantener sanos nuestros dientes.

¿Cómo podemos limpiarnos los dientes?

Los dentistas cuidan nuestros dientes.

Le dan un nuevo cepillo de dientes a

cada paciente.

¿Qué más les dan
los dentistas a
los pacientes?

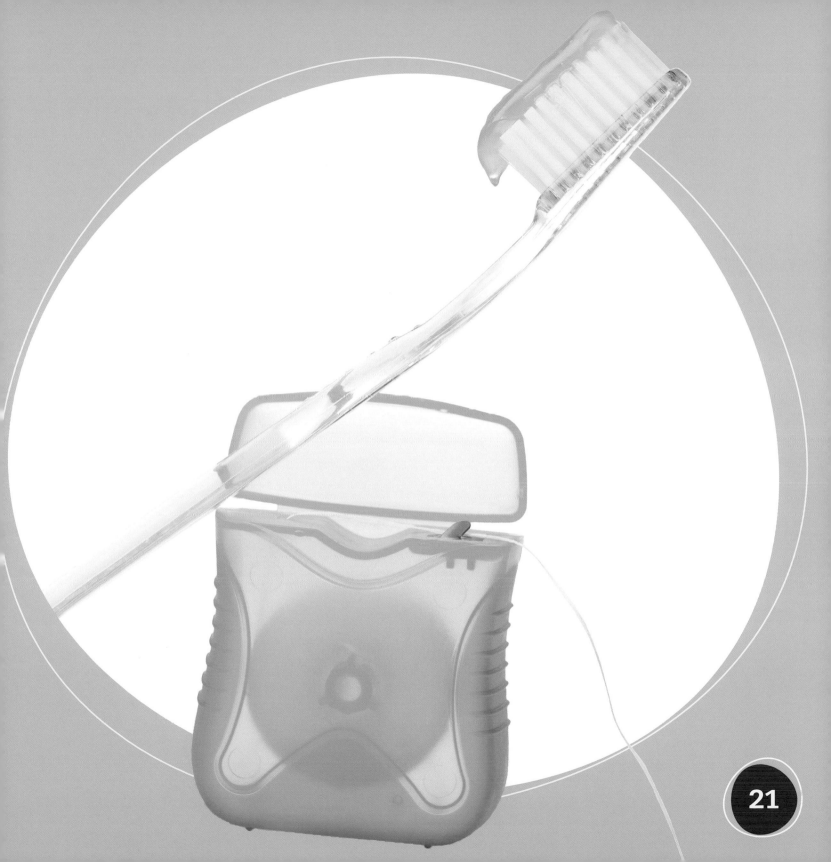

Herramientas de los dentistas

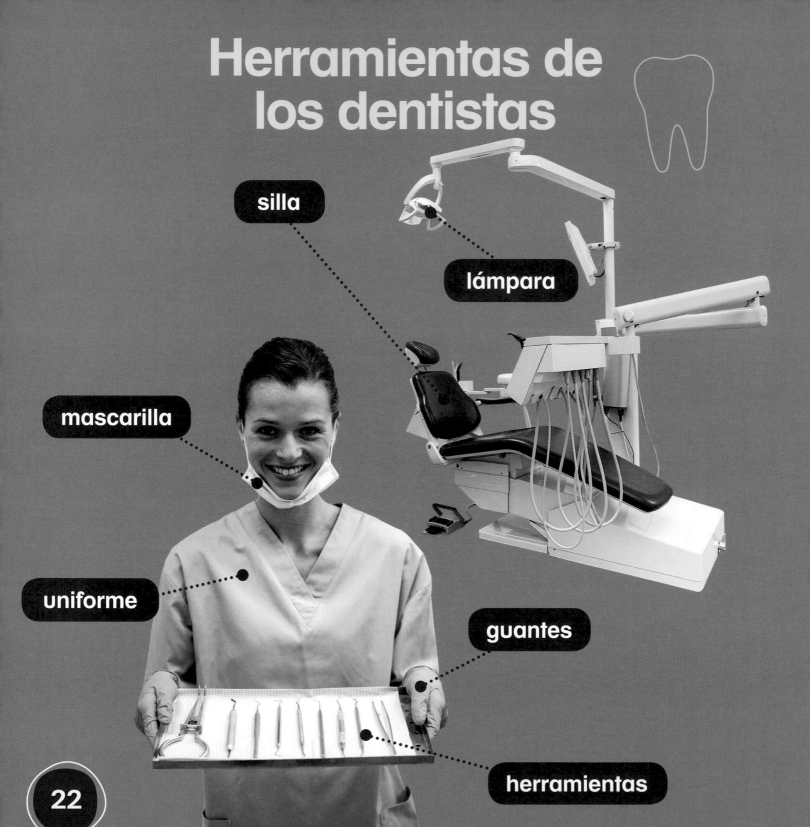

silla

lámpara

mascarilla

uniforme

guantes

herramientas

22

Glosario de las fotografías

herramientas

equipo que usan los dentistas para revisar y limpiar los dientes

pacientes

la gente que recibe un tratamiento o una revisión

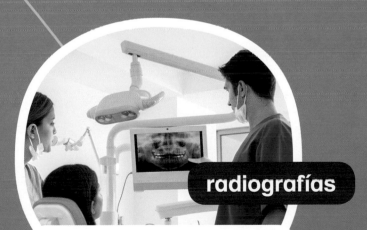

radiografías

fotos que se toman de los dientes adentro de la boca de alguien

uniformes

un conjunto especial de ropa usado para trabajar

23

Leer más

Heos, Bridget. *Let's Meet a Dentist.* Minneapolis: Millbrook Press, 2013.

Hewitt, Sally. *Going to the Dentist.* Irvine, CA: QEB Publishing, 2015.

Royston, Angela. *Why Do I Brush My Teeth?* Irvine, CA: QEB Publishing, 2016.

Índice

Crédito fotográfico

Las fotografías en este libro se han usado con la autorización de: © michaeljung/iStock.com, pp. 5; © Sebastian Duda/Shutterstock.com, pp. 6–7, 23 (esquina superior izquierda); © Wavebreakmedia/iStock.com, pp. 9, 23 (esquina superior derecha); © DragonImages/iStock.com, pp. 10–11; © wavebreakmedia/Shutterstock.com, pp. 13, 22 (left), 23 (esquina inferior derecha); © andresr/iStock.com, p. 14; © stockvisual/iStock.com, pp. 16–17, 23 (esquina inferior izquierda); © XiXinXing/iStock.com, p. 18; © ellobo1/iStock.com, pp. 20–21; © Photographee. eu/Shutterstock.com, p. 22 (right).

Portada: © Wavebreakmedia/iStock.com.